Steven Schmidt

Software für den mobilen Zugriff auf Videomanage-ment-Systeme

Eine Marktstudie

GRIN Verlag

Bibliografische Information der Deutschen Nationalbibliothek:

Die Deutsche Bibliothek verzeichnet diese Publikation in der Deutschen National-
bibliografie; detaillierte bibliografische Daten sind im Internet über http://dnb.d-
nb.de/ abrufbar.

Dieses Werk sowie alle darin enthaltenen einzelnen Beiträge und Abbildungen
sind urheberrechtlich geschützt. Jede Verwertung, die nicht ausdrücklich vom
Urheberrechtsschutz zugelassen ist, bedarf der vorherigen Zustimmung des Verla-
ges. Das gilt insbesondere für Vervielfältigungen, Bearbeitungen, Übersetzungen,
Mikroverfilmungen, Auswertungen durch Datenbanken und für die Einspeicherung
und Verarbeitung in elektronische Systeme. Alle Rechte, auch die des auszugsweisen
Nachdrucks, der fotomechanischen Wiedergabe (einschließlich Mikrokopie) sowie
der Auswertung durch Datenbanken oder ähnliche Einrichtungen, vorbehalten.

Impressum:

Copyright © 2013 GRIN Verlag GmbH
Druck und Bindung: Books on Demand GmbH, Norderstedt Germany
ISBN: 978-3-656-76530-1

Dieses Buch bei GRIN:

http://www.grin.com/de/e-book/281793/software-fuer-den-mobilen-zugriff-auf-
videomanagement-systeme

GRIN - Your knowledge has value

Der GRIN Verlag publiziert seit 1998 wissenschaftliche Arbeiten von Studenten, Hochschullehrern und anderen Akademikern als eBook und gedrucktes Buch. Die Verlagswebsite www.grin.com ist die ideale Plattform zur Veröffentlichung von Hausarbeiten, Abschlussarbeiten, wissenschaftlichen Aufsätzen, Dissertationen und Fachbüchern.

Besuchen Sie uns im Internet:

http://www.grin.com/

http://www.facebook.com/grincom

http://www.twitter.com/grin_com

Marktstudie zu Software für den mobilen Zugriff auf Videomanagement-Software

Projekt-Bericht

vorgelegt am
04.03.2013

an der
Hochschule für Wirtschaft und Recht Berlin
Fachbereich 2

von	*Steven Schmidt*
Bereich:	*Wirtschaft*
Fachrichtung:	*Wirtschaftsinformatik*
Studienjahrgang:	*2011*
Studienhalbjahr:	*3*

INHALTSVERZEICHNIS

1 Einleitung

Zentrales Thema dieses Praxistransferberichtes ist die Anfertigung einer Marktstudie, die einen Überblick über den breiten Markt an Software für den mobilen Zugriff auf unterschiedliche Videomanagement-Systeme verschafft. Dabei handelt es sich um das Management von IP-Kameras, die zur Bildübertragung und Videoanalyse in Sicherheitssystemen genutzt werden.

Die Nutzung in der Praxis des Ausbildungsbetriebes bezieht sich dabei bislang größtenteils auf stationäre Software, welche für den Kunden keine Möglichkeit auf einen mobilen Zugriff auf das Management von Videokameras beinhalteten. Das bestehende Produktportfolio des Ausbildungsbetriebes in diesem Segment soll nun um Software für mobile Endgeräte wie Android- oder IOS-basierte Smartphones und gleichartig- oder Windowsbasierte Tablets oder vergleichbares erweitert werden. Da jedes Videomanagementsystem in der Regel einen Windows-Client bereitstellt, entfällt am Punkt des Produktvergleichs in diesem Bericht die Bewertung der Software auf dem benannten Betriebssystem, obwohl Windows-Tablets als Lösung der Aufgabenstellung durchaus gerecht werden, nicht aber im Fokus dieser Untersuchung stehen sollen. Der Ausbildungsbetrieb als Beratungs-Dienstleister steht in diesem Fall in vermittelnder Position zwischen Vertreiber und Kunde bzw. Endbenutzer, benötigt jedoch genaue Informationen zum Produkt, sowohl im Umfang als auch in der Tiefe der Funktionseigenschaften, da eine aufschlussreiche und fundierte Argumentation gegenüber des Kunden stattfinden kann.

Die Marktstudie stützt sich dabei auf bekannte und gängige Instrumente der Betriebswirtschaftslehre und des Marketings und wird hauptsächlich eine qualifizierte, später erläuterte Auswahl an Software für mobile Endgeräte untersuchen. Die theoretische Erläuterung der besagten Modelle und Instrumente findet dabei zugleich einen praktischen Bezug in der Art, als dass behandelte Modelle nachfolgend auf die durchweg in der Arbeit auftauchende Software hinsichtlich der definierten Kriterien angewendet werden und die ergebnisorientierte Arbeit so vorantreiben.

Am Ende hat der Leser also sowohl einen Überblick über die Anfertigung einer Marktstudie vor dem Hintergrund ausgewählter absatzpolitischer Entscheidungen das Produktportfolio betreffend, als auch eine Auswahl an geeigneter, alleinstehender oder in Ergänzung zu stationären Systemen befindlicher Software für das mobile Videomanagement. Für den Ausbildungsbetrieb ergeben sich so im Fazit dieser Arbeit klare Handlungsempfehlungen die Problemstellung betreffend.

2 Informationsbeschaffung durch Marktforschung

2.1 Die Marktforschung als Instrument der Absatzplanung

Im Rahmen der unternehmerischen Gewinnmaximierung spielt der Absatz eine zentrale Rolle. Ein Großteil der Leistungsverwertung findet hier statt, da schließlich über abgesetzte Produkte, Umsatz generiert wird. Wichtig ist also, den Absatz genau zu planen. Marktforschung und absatzpolitische Instrumente Absatzplan bilden hier ein Zusammenspiel aus verschiedenen Teilbereichen der Absatzplanung (Abbildung 1). Diese beinhalten jeweils einzelne Teilschritte, die zunächst der Informationssammlung über Markt, Konkurrenz und Produktangebot, der Informationsauswertung, danach der eigenen Angebotsgestaltung und schlussendlich Erstellung des eigenen Produktprogramms bzw. Absatzplans dienen.[1]

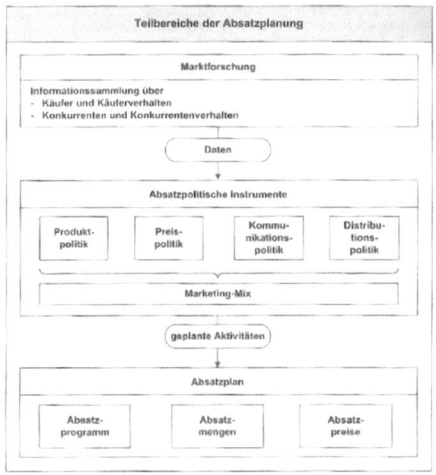

Abbildung 1 Teilbereiche der Absatzplanung, Quelle: Wöhe, Günter / Döring, Ulrich (2010), S. 388.

Die Gestaltung des Absatzes ist dabei gleichzusetzen mit der Beschreibung des Marketings dieser Unternehmung.[2] In eingeschränktem Maße[3] werden die Begriffe Marketing und Absatzplanung nachfolgend synonym verwendet. Wie aus der Abbildung ebenfalls zu erkennen ist, bildet die Marktforschung den informationsbeschaffenden Teil der Absatzplanung, wobei die Ergebnisse aus dieser Studie, nämlich ein Überblick über Markt, Konsumenten und Konkurretnen[4], zusammen mit den unternehmerischen Zielen Einfluss auf die absatzpolitischen Instrumente haben. Dieser zweite Teil wird aber zu einem späteren Zeitpunkt behandelt und so soll sich zunächst einmal mit der Marktstudie befasst werden.

[1] Vgl. Wöhe, Günter /Döring, Ulrich (2010), S. 387 ff.
[2] Vgl. ebenda, S. 384 f.
[3] Vgl. Meffert, Heribert (2000), S. 7.
[4] Vgl. Wöhe, Günter /Döring, Ulrich (2010), S. 393.

Wie bereits angedeutet ist der Impulsgeber der Informationsbedarf einer Unternehmung, da für Entscheidungen die Produkt-, Preis-, Kommunikations- und Distributionspolitik betreffend fundierte Informationen zur derzeitigen Situation auf dem Markt vorliegen müssen.

Die bestehenden Marktverhältnisse und deren Trends mit Hilfe einer Umweltanalyse zu ermitteln versteht sich dabei als erster Schritt der Situationsanalyse. Konkurrenten am Markt, die Endbenutzer der Produkte und nicht zuletzt das eigene Unternehmen werden hier in Verbindung mit Absatzmittlern und einer STE(E)P-Analyse gebracht und untersucht.[1] Bei STE(E)P handelt es sich um die Analyse von sozialen (social), technischen (technological), ökonomischen (economic) und ggf. ökologischen (ecological), sowie schließlich politischen (political) Umweltfaktoren. Deren Trends zu identifizieren sowie Entwicklungsprognosen zu erstellen und die eigene Anpassung an diese durch definierte Absatzziele zu planen steht im Mittelpunkt der strategischen Planung des Marketings.[2]

Bezogen auf den Anwendungsfall im Ausbildungsbetrieb stellt sich die Situation wie folgt dar: Der Betrieb ist einer unter vielen kleineren Dienstleistern auf dem Markt. Produktbezogen fungiert dieser als Absatzmittler zwischen Hersteller bzw. Distributor und Kunden, in einigen Fällen auch dem Endverbraucher. Der Markt beschränkt sich auf Lösungen für Videomanagement, sowohl in physisch-technischer als auch softwareseitiger Hinsicht, sowie im Bereich der beratenden Dienstleistungen, wie bspw. der Erstellung von Sicherheitskonzepten und -Assessments. Das Produktportfolio variiert dabei je nach Anforderung des Kunden, hat aber natürlich favorisierte Vertreter, die sich in der Vergangenheit als zuverlässig und qualitativ angemessen herausgestellt haben. Zu bemerken ist in jedem Fall, dass das Portfolio nicht statisch ist und für jeden Fall neu bewertet wird.

Das Hauptaugenmerk in dieser Betrachtung soll sich dabei auf Videomanagementsoftware richten, wobei die Bildanalyse und -Auswertung den zentralen Anwendungsaspekt der Auswahl ausmacht. Der bisherige Einsatz beschränkt sich dabei auf stationäre Systeme, die nur lokal im Kundennetzwerk durch entsprechend eingerichtete Desktops aufrufbar sind. In der Regel basiert dieser Aufbau auf einer einfachen Client-Server-Infrastruktur.

Kunden sind in der Regel kleinere und mittelständige Unternehmungen, die ein gewisses Maß an Sicherheitsbedarf haben oder ausbauen wollen. Endanwender sind oftmals - und dies spielt für die nachfolgenden Betrachtungen eine zentrale Rolle - Wächter bzw. Vertreter des Sicherheitspersonals der eigenen oder einer externen Firma.

---

[1] Vgl. Wöhe, Günter /Döring, Ulrich (2010), S. 393.
[2] Vgl. Kotler, Philip u.a.. (2009), S. 19.

4

Sicherheit ist eines der Grundbedürfnisse einer Unternehmung und so wird es durch die permanente Nachfrage auch immer einen Markt dafür geben. Es ist daher davon auszugehen, dass die Nachfrage in den nächsten Jahren hier nicht beträchtlich sinken wird. Die zunehmende Verwendung von IP-Kameras vereinfacht zudem die Installation bzw. Integration in ein bestehendes Netzwerk, wobei auch Altbestände aus analogen Kameras mittels En- und Decoder problemlos adaptiert werden können. Eine repräsentative Studie ergab zudem, dass 64% aller europäischen Unternehmen eine jährliche Aufstockung von Kameras und Monitoren um 16-18% pro Jahr planen,[1] die Investitionsbereitschaft im Sicherheitsbereich und die potentielle Einführung von weiteren Videomanagement-Systemen ist also durchaus gegeben. Anbieter finden sich ebenfalls genug: Derzeit kann man von etwa 76 Anbietern mit ca. 130 Lösungen für den deutschsprachigen Markt ausgehen[2], der Markt ist also äußerst feingliedrig und intransparent besetzt. Durch die qualitativ hohen Ansprüche der Endbenutzer bzw. Entscheidungsträger sind die Differenzierungsmöglichkeiten stark eingeschränkt, näheres dazu wird aber bei der anschließenden Fallstudie zum Vorschein kommen. Weiterhin haben nahezu alle Anbieter ihre Software schon seit längerem auf dem Markt etabliert und über die Jahre nach und nach im Funktionsumfang erweitert. Mittlerweile stellen nahezu alle Hersteller auch einen mobilen Client für ihr Management-System bereit, jedoch variiert hier das Lizensierungsmodell bzw. das Pricing.

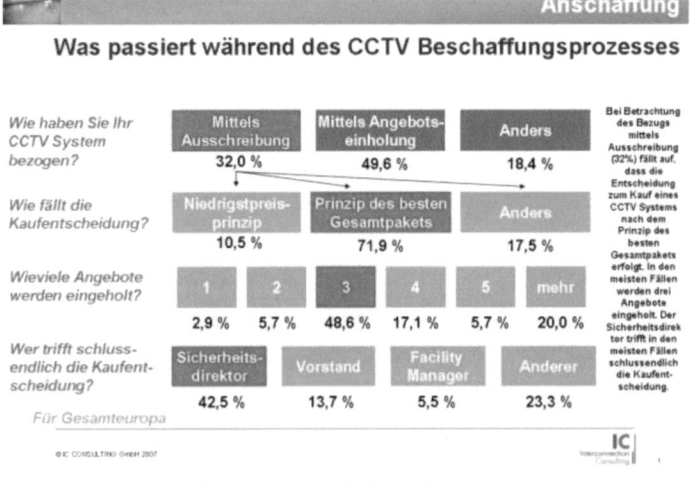

Abbildung 2: Der CCTV Beschaffungsprozess, Quelle: Schimetits, Martin (siehe Internetverzeichnis).

---
[1] Vgl. Schimetits, Martin (2007) (siehe Internetverzeichnis).
[2] Vgl. Protector, März, 2012, S. 64

Wie in Abbildung 2 zu sehen ist, steht der Preis jedoch an stark untergeordneter Stelle im Entscheidungsprozess, wobei die Qualität durch Anzahl der eingeholten Angebote und Gestaltung des Gesamtpaketes im Vordergrund steht. Untersucht wurden Anbieter und Nachfrager im Bereich zentraler Videomanagement-Lösungen, d.h. nicht von Systemen, die auf den Kameras selbst arbeiten und lediglich zentral verwaltet werden können. Da eine detailliertere Marktstudie im zuvor dargestellten Sinne den Rahmen dieses Praxistransferberichtes sprengen und den vorgegeben Aufgabenbereich des Autors im Betrieb überschreiten würde, wird diese außerhalb dieser Studie vertieft und weiter fortgeführt.

2.2 Untersuchung von gewählter Software

Nachfolgend soll in diesem Rahmen eine vergleichende Bewertung von entsprechend ausgewählter Software im angesprochenen Segment erfolgen, um den Überblick über den Markt zu erweitern und so auf den Kern dieses Transferberichtes zu kommen, einer Auswahl an Software für den mobilen Zugriff auf Videomanagement-Systeme.

Die Kriterien für die Bewertung ergeben sich aus relevanten Teilen der normierten Kriterien für Software (ISO 9126)[1] und Anforderungen, die sich aus dem Bereich der Sicherheitstechnik, der Videotechnik und schließlich auch aus dem Anspruch der Mobilität der Software sowie zuletzt den Anforderungen im Ausbildungsbetrieb ableiten lassen. Noch einmal gilt es zu betonen, dass es sich bei dieser Marktstudie bzw. hier der Produktanalyse nicht um Softwaretests oder vergleichbares handelt, sondern lediglich nach Herstellerinformationen geordnet eine Vorauswahl und -Bewertung hinsichtlich verschiedener Eigenschaften getroffen wird. Nachfolgend also die Kriterien, unter denen die Produkte miteinander verglichen werden:

1. Functionality:
   - Interoperabilität, die Fähigkeit, mit anderen Komponenten, insbesondere Kameras, zusammenzuarbeiten
   - Sicherheit, ausreichender Informations-, Daten- und Zugriffsschutz
   - Spezifische Anforderungen: Bildanalyse, Ereignisverwaltung
2. Usability:
   - Bedienbarkeit, insbesondere geprägt durch den mobilen Charakter
   - Attraktivität, der ästhetische Anspruch an das Produkt sowie die Unterstützung des mobilen Charakters
   - Verständlichkeit, speziell wird hier die Dokumentation betrachtet

---

[1] Vgl. Balzert, Helmut (2009), S. 468 ff.

3. Portability:

- Anpassbarkeit, die Möglichkeit der Individualisierung für den Endanwender
- Installierbarkeit, hier insbesondere auf verschiedenen portablen Betriebssystemen
- Koexistenz mit anderen Komponenten, siehe auch 1. Interoperabilität

4. Generell:

- Kosten, Lizensierungsmodell der Software-Komponenten
- Alleinstellungsmerkmale und Produkt-Besonderheiten

Weitere, sicherlich vorhandene Bewertungskriterien wurden mangels Testmöglichkeiten, unzureichenden Informationen seitens der Hersteller oder geringer Relevanz nicht mit einbezogen.

Kriterium \ Produkt	Symphony Mobile	XProtect Mobile	Seetec Mobile Client	Kiwivision
Stationäre Software vorausgesetzt	ja	ja	ja	ja
Multiserver-Feature	ja	ja	ja	nein
Betriebssystem	alle	alle	alle	alle
Abrufbare Aufnahmen	ja	ja	ja*	ja*
Mobile Bildanalyse	ja	nein	nein	ja
Ereignisverwaltung	ja, Push	nein	Ja, Push	Ja, Push
Anmeldung erforderlich	Nur Server	Nur Server	Nur Server	Nur Server
Anpassbares Layout	ja**	Anzahl Streams	Anzahl Streams	nein
Externe Anbindung	ja	ja	nein	nein

Quelle: Eigendarstellung. Die Informationen wurden dem Betrieb zur Verfügung stehenden Informationsmaterial entnommen

* ereignisgesteuerte Aufnahmen ** nur für IOS

Oben erfolgte nun ein erster Vergleich der Key-Features der Produkte für Android und IOS, da, wie in der Einleitung bereits angemerkt, Windows-basierte Lösungen nicht im Zentrum der Untersuchung stehen sollen, obwohl auch hier noch einmal festzuhalten gilt, dass das wachsende Angebot an Tablets mit Windows Betriebssystem eine Möglichkeit des mobilen Zugangs mittels der ursprünglichen Clients der Produkte bieten, nach Ansicht des Autors nicht aber die Idee der Mobilität und vor allem der dahingehend angepassten Software in dieser Untersuchung unterstützen. Da der Preis wie unter 2.1 festgestellt eine untergeordnete Rolle spielt, wird dieser bei der hiesigen Studie vernachlässigt.

Untersucht wurden in der genannten Tabelle die Produkte der Hersteller Aimetis, Milestone Systems, SeeTec und KiwiSecurity, welche aufgrund von Empfehlungen seitens des Ausbildungsbetriebes, einschlägiger Zeitschriften und persönlicher Beurteilung des Autors für die Auswahl genutzt wurden. Wie in der ersten Zeile zu erkennen ist, setzen alle Produkte eine stationäre Software voraus, die auf einem Server läuft bzw. selbst als Server fungiert. Das Lizensierungsmodell gestaltet sich dabei bei allen Produkten ähnlich: gestaffelte Abstufungen erwirken mit steigendem Preis auch einen erhöhten Umfang an einbindbaren Kameras und zugreifenden Clients, lediglich Milestone Systems bieten mit ihrer Basis Version XProtect Go einen kostenfreien Einstieg in das Videomanagement. Die Applikationen selbst sind bei allen Herstellern kostenfrei zu erwerben und beinhalten keine Möglichkeiten einer kostenpflichtigen Erweiterung. Bis auf das Produkt von KiwiSecurity können sich alle Clients auf mehrere Server einwählen, wobei auch nur hier eine Authentifizierung des Nutzers erforderlich ist. Die entsprechenden Zugangsdaten werden von den Server-Applikationen verwaltet. Der Kernanspruch des Ausbildungsbetriebes, die Bildanalyse, ist nur bei den Produkten von Aimetis und KiwiSecurity auch mobil bedienbar. Aufnahmefunktionen beinhalten alle Produkte, wobei SeeTec und KiwiSecurity Aufnahmen nur eventgesteuert initialisieren. Außer bei der Software von Milestone Systems benachrichtigen alle Clients den Anwender, sollte ein Alarm auftreten. Die externe Anbindung beherbergt lediglich bei Symphony Mobile und XProtect Mobile die Ansteuerung von digitalen I/O-Ports, welche entsprechend am Server konfiguriert werden müssen. Aus Sicht der Bandbreitenbeanspruchung verfügen darüber hinaus alle Clients über die Möglichkeit, UMTS- und W-LAN-Netze für die Übertragung nutzen zu können.

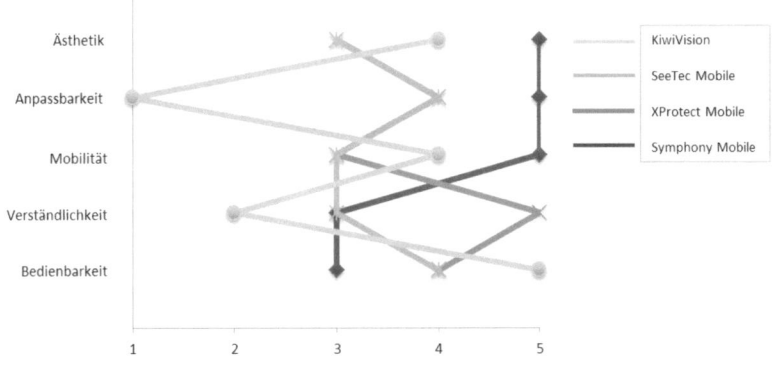

Abbildung 3: Konkurrenzanalyse der Produkte, Quelle: Eigendarstellung.

3 Die absatzpolitischen Instrumente

Die zuvor erläuterte Tabelle ergibt im Zusammenspiel mit der oben dargestellten Abbildung 3, wobei Bewertung 1 die niedrigste und 5 die höchste darstellen, die nötigen Informationen für die Bearbeitung durch die im folgenden Abschnitt ausgewählten absatzpolitischen Instrumente. Zunächst ist auffallend, dass das Produkt Aimetis Symphony Mobile alle in der Matrix dargestellten Anforderungen erfüllen kann und die bewertbaren Kriterien in der Konkurrenzanalyse der Produkte befriedigend erfüllt. Das Kernkriterium, die mobile Bildanalyse bzw. etwaige Benachrichtigungen, wird in vollem Umfang bedient. Für den Ausbildungsbetrieb stellt sich nun die Frage der Vermarktung bzw. der Gestaltung des Produktangebotes mithilfe der ihm zur Verfügung stehenden Instrumente. Nachfolgend sollen diese nun ausgewählt, vorgestellt und an geeigneter Stelle exemplarisch erläutert werden, wobei die Kommunikationspolitik entfällt, da der Ausbildungsbetrieb nicht in werbender Sicht tätig ist.

3.1 Produktpolitik – Produktdifferenzierung

Die Produktpolitik des Absatzes bezeichnet die Ausrichtung des Produktportfolios an den Bedürfnissen der Nachfrager auf dem Markt. Für das Produkt selbst zählen Eigenschaften wie der Service, der mit Wartung und Support des Produktes einhergeht, die technischen Eigenschaften der Software selbst und der Zusammenhang zu anderen angebotenen Produkten oder Dienstleistungen. Diese Eigenschaften lassen sich für den Endverbraucher unterscheiden in einen Grundnutzen, der aus den materiellen Komponenten des Produktes besteht, und jeweiligen Zusatznutzen, der immaterielle Komponenten wie Aussehen und Anerkennung beschreibt.[1] Auf den zuvor eingegrenzten Markt dieser Studie bezogen, lässt sich die Einführung eines Softwareproduktes mit dem hier behandelten Anwendungsbereich wie folgt strategisch beschreiben: Da die Videomanagementsoftware in der Regel schon auf stationären Clients lauffähig ist und eine Server-Komponente vorinstalliert sein muss, handelt es sich bei der Anpassung des Clients an mobile Verhältnisse um eine Produktdifferenzierung – das Produkt als ganzheitlich angebotene Lösung wurde den gewandelten Bedürfnissen angepasst und kann nun über den Ausbildungsbetrieb als Absatzmittler auf dem Markt als Bestandteil seines geänderten Portfolios mit angeboten werden. Die Aimetis Corporation mit Ihrem Stellenwert als Marktführer im Bereich der Videoanalyse befriedigt hier nicht nur die immateriellen Bedürfnisse, sondern bietet durch ihre langjährige Erfahrung auch durchweg zuverlässige Qualität und eine namenhafte Marke.

---

[1] Vgl. Wöhe, Günter / Döring, Ulrich (2010), S. 421 ff.

3.2 Preispolitik und Distributionspolitik

Preispolitisch gesehen geht es bei der Einführung eines neuen Produktes nicht nur um den Verkaufspreis des Gutes allein, sondern auch um Entscheidungen, die Zahlungsbedingungen, Rabatte und Vergünstigungen und nicht zuletzt Lieferbedingungen betreffend. Alle genannten Faktoren ergeben sich dabei aus Werten, die aus betriebsinternen und betriebsexternen Daten gewonnen werden, wie beispielsweise der Unternehmensgröße und der Marktgröße, der Produktqualität, dem Nachfragereinkommen, der Konkurrenzsituation etc. Wie bereits erwähnt spielt der Preis auf dem ausgewählten Markt eine stark untergeordnete Rolle, was die Software der Videomanagement-Systeme zu relativ preisunelastischen Gütern der Nachfrage macht. Eine relative Preisänderung hat also nicht unbedingt eine verhältnismäßige Nachfrageänderung zur Folge,[1] was der Ausbildungsbetrieb durchaus für seine Preis- und Angebotsgestaltung nutzen kann, obwohl er sich natürlich an den Einkaufspreisen der Distributoren orientieren muss, um die Gewinnspanne nicht zu stark zu verkleinern. Durch diese indirekte Distribution sind die Distributionswünsche nur zum Teil vom Absatzmittler zu erfüllen. Die gute Beratung, die ständige Verfügbarkeit und der Einkauf an einem Ort sind absatzpolitische Faktoren[2], die durch den Ausbildungsbetrieb und die angebotene Vertriebsform im Sinne einer Beratungs- und Beschaffungsleistung durchaus bedient werden können. Weiterhin ergeben sich aus dem indirekten Absatz eine ganze Reihe von Vorteilen für den Hersteller: die Distributionsquote ist höher als bei direktem Vertrieb, es gibt viele Kleinabnehmer, die gestreut bedient werden können und der Bekanntheitsgrad erhöht sich drastisch durch verteilte Absatzmittler.

3.3 Marketing-Mix

Der Marketing-Mix beschreibt die Optimierung der zuvor vorgestellten Instrumente unter Beachtung der untereinander herrschenden Abhängigkeiten. Da die Auswirkungen der Entscheidungen aber in den seltensten Fällen genau vorhersehbar sind,[3] empfiehlt sich eine stückweise Betrachtung und Planung des Vorgehens und eine sukzessive Festlegung der Entscheidungen. So empfiehlt sich eine Unterteilung in strategische Instrumente, produktpolitische und distributionspolitische Maßnahmen, und in taktische Instrumente, Preispolitik und die hier ausgelassene Kommunikationspolitik als werbende Maßnahme.[4]

---

[1] Vgl. Wöhe, Günter / Döring, Ulrich (2010), S. 446 ff.
[2] Vgl. ebenda, S. 501 ff.
[3] Vgl. Nieschlag, Robert u.a.. (2002), S. 329 ff.
[4] Vgl. Wöhe, Günter / Döring, Ulrich (2010), S. 514 f.

4 Zusammenfassendes Ergebnis der Studie

Betrachtet man nun rückblickend den Abschnitt der Marktstudie, so lassen sich folgende Erkenntnisse zur Marktsituation für Videomanagement-Software festhalten: Auf dem Markt zählt Qualität und Zuverlässigkeit, keine fundierte Beratung und diverse Ansprüche an den angebotenen Funktionsumfang. Auf der anderen Seite gibt es eine Vielzahl an Anbietern, die sich den geänderten Anforderungen - hier also im Besonderen dem Anspruch der Mobilität der Software – anpassen und entsprechende Lösungen anbieten. Die Konkurrenzanalyse ausgewählter Software zeigt, dass sich diese Produkte im Wesentlichen ähnlich sind, jedoch aber gewisse Abgrenzungsmerkmale besitzen und sich im angebotenen Funktionsumfang wenig aber teils entscheidend unterscheiden. Als Empfehlung geht hier der Client der Aimetis Corporation hervor, Symphony Mobile.

Entsprechende absatzpolitische Entscheidungen hinsichtlich des Pricings und der Einbindung in das angebotene Produktportfolio müssen nun von den Entscheidungsträgern im Ausbildungsbetrieb gefällt werden. Fundierte Kenntnisse über das Produkt und dessen Funktionsspektrums sollten geschaffen und vertieft werden, um diese neue Richtung im Software-Angebot angemessen dem Kunden gegenüber präsentieren zu können.

Die Marktstudie mit ihren Instrumenten wie der Umfeld- und Konkurrenzanalyse hat sich hier als wertvolles Instrument im Prozess des absatzpolitischen Vorgehens erwiesen. Mit ihren Bestandteilen ist es möglich, sich in überschaubarer Zeit einen vertieften Einblick in die Situation eines gewählten Marktsegmentes zu verschaffen und so Erkenntnisse und Daten zu gewinnen, die als aussagekräftige Grundlage für oben genannte Entscheidungen dienen können und sollten.

Der Umfang des Praxistransferberichtes im Allgemeinen grenzt hingegen stark die benutzbaren Instrumente ein bzw. beschränkt gewählte in ihrer Anwendung auf ein Marktsegment. Hieraus lässt sich für den Leser ableiten, dass eine Marktstudie in vollem Umfang wesentlich mehr Informationen liefern kann, insbesondere aber die Handlungsempfehlung so weitläufiger und detaillierter ausfallen kann.

Trotz allem sollte sich aus den hier gewonnenen und zusammengetragenen Erkenntnissen eine Hilfe für den Ausbildungsbetrieb im Entscheidungsprozess ergeben.

Verzeichnis

Literaturverzeichnis

Balzert, Helmut: *Lehrbuch Der Softwaretechnik: Basiskonzepte Und Requirements Engineering,* Heidelberg, 2009, 3. Auflage (2009).

Kotler, Philip u.a.: *Marketing Managemen,* Essex, 2009, 13. Auflage (2009).

Meffert, Heribert u.a.: *Marketing: Grundlagen marktorientierter Unternehmensführung. Konzepte - Instrumente – Praxisbeispiele,* Wiesbaden, 2000, 9. Auflage (2000).

Nieschlag, Robert u.a.: *Marketing,* Berlin, 2002. Ausgabe 19 (2002).

Wöhe, Günter und Döring, Ulrich: *Einführung in die Allgemeine Betriebswirtschaftslehre,* München, 1960, 24. überarbeitete und aktualisierte Ausgabe (2010).

Zobel, Lothar (Hrsg.): Marktübersicht Videomanagement-Software in: Protector 03/2012, S. 62 – 63.

Internetverzeichnis

Schimetits, Martin (2007): *CCTV: Unternehmen investieren mehr Geld in Sicherheitstechnik,* 01.05.2007, abgerufen am 27.02.2012, http://www.git-sicherheit.de/topstories/management/cctv-unternehmen-investieren-mehr-geld-sicherheitstechnik.